DAS DATE MIT DIR SELBST

Wichtiger Hinweis
Die Übungen und Informationen in diesem Buch wurden mit größter Sorgfalt erarbeitet. Alle Leser:innen sind jedoch aufgefordert, selbst zu entscheiden, ob und inwieweit sie die Anregungen in diesem Buch umsetzen wollen. Eine Haftung der Zwei Leben GmbH für Personen-, Sach- und Vermögensschäden ist ausgeschlossen.

2. Auflage
Originalausgabe

Autor: Tom Bobsien
Lektorat: Susanne Broos
Gestaltung / Satz: Peter Hoffmann
Herstellung / Druck: Hilgert Print Agentur

ISBN 978-3-00-069620-6

www.nodramaclub.de

REFLEKTIEREN STATT SCROLLEN

INHALT

VORWORT

Die Welt hat sich in den letzten zehn, zwanzig Jahren so sehr verändert wie nie zuvor. Durch das Internet hast du heute sofort Zugriff auf Millionen von Informationen, tausende Möglichkeiten ploppen vor dir auf. Wie du deinen Lebens- und Berufsweg beschreiten kannst. Wie du dich optimal ernährst. Wie du ein Date arrangierst.

Das meiste davon spielt sich dabei auf dem Smartphone ab, das du vermutlich immer griffbereit bei dir hast. Ist dir bewusst, dass auch wenn du »nur« zwei Stunden täglich am Smartphone bist, das jährlich hochgerechnet ein ganzer Monat deiner Lebenszeit ist?

Dieses Buch ist eine Einladung an dich. Eine Einladung, weniger Zeit am Bildschirm zu verbringen und mehr wirklich zu leben. Eine Einladung, statt zu scrollen, anzufangen zu reflektieren und dich dabei selbst kennenzulernen. Zu erfahren, wer du bist, wofür du stehst und wo du dich hin entwickeln willst. Es hilft dir dabei, trotz der unendlich erscheinenden Möglichkeiten, die das Internet dir vorgaukelt, zurück zu dir zu kommen und herauszufinden, welchen Weg du einschlagen willst.

Das Buch vertritt nicht die Idee, sich selbst zu optimieren, sondern es unterstützt dich dabei, die Natürlichkeit deines kreativen Ichs wieder aufzuwecken.

Die Erfolgsdefinition dieses Buches lautet: Du selbst zu sein, das zu tun, was dich glücklich macht, und das Gefühl zu haben, etwas Bedeutsames in deiner Lebenszeit zu vollbringen. Ganz egal was. Was das ist, kannst du nur in dir finden.

Viel Freude bei deinem Date mit dir selbst!

ES WAR EINMAL …

… ein junger Mann, der seinen Job gekündigt hat und mit seinem Ersparten sowie einem Backpack nach Südostasien gereist ist. Um den Kopf frei zu bekommen. Um Spaß zu haben. Und um sich selbst zu finden. Er erlebt tolle Strandpartys, lernt spannende Menschen aus aller Welt kennen, sieht unglaubliche Naturwunder und erkundet die schönsten Orte dieser Region. Jeden Morgen schlürft er zuerst an seiner frischen Kokosnuss, badet in einem atemberaubenden Wasserfall und verdrückt einen Pfannkuchen mit Ahornsirup. Bevor es dann an den Pool geht. Kurz gesagt: Er hat die Zeit seines Lebens.

Eigentlich …

Zwei Tage vor Abflug sitzt er zwar mit vielen neuen Erfahrungen und Eindrücken, aber ohne Geld in der Hotellobby. Mitten in der Millionen-Metropole Bangkok. Während der junge Mann sichtlich angespannt auf dem Barhocker sitzt und auf seinem Tablet einen Film anschaut, kommt die Barkeeperin zu ihm und fragt: »Alles okay, Sir? Was kann ich für Sie tun?« Der junge Mann muss einen Moment über die Frage nachdenken, bevor er antworten kann.

»Es ist alles okay. Doch irgendwie auch nicht. In meinem Kopf herrscht zurzeit Krieg. In den letzten zwei Monaten habe ich die schönste Zeit meines Lebens verbracht. Und jetzt bin ich unglücklich. Warum ist das so?«

Die Barkeeperin schenkt ihm ein Glas Sprudelwasser mit einer Scheibe Zitrone ein und holt Eis aus der Gefriertruhe. »Warum bist du nach Asien gekommen?« fragt sie ihn. »Ich habe meinen Job gekündigt und wollte mich selbst finden. Herausfinden, in welche Richtung ich will«, antwortet er ihr. »Ach, so einer bist du! Viele Menschen kommen aus der westlichen Welt nach Asien, um sich selbst zu finden. Den meisten gelingt das nicht, weil sie sich mit all den Attraktionen hier ablenken. Sie schaffen es weder in ihrer Heimat noch hier, Zeit nur mit sich selbst zu verbringen und den Blick vom Bildschirm zu lösen. Du darfst in dich gehen. Jetzt. Hier. Die Antworten sind in dir, nicht in Asien.«

Der junge Mann denkt einige Momente über ihre Worte nach. Für den Rest des Tages sieht man ihn nur noch auf dem Barhocker sitzen. Mit einem Stift in der Hand und einem Blatt Papier vor sich. Er schreibt in dieser Hotellobby in Bangkok mehrere Seiten voll.

Gegen Abend sieht die Barkeeperin, wie er mit einem Lächeln auf seinem Gesicht auf sein Zimmer verschwindet. Er hatte gerade sein erstes echtes Date mit sich selbst.

DEINE EINLADUNG

Bist du bereit für den Start deiner Reise zu dir selbst? Dein Date mit dir selbst wird eine einzigartige Erfahrung mit vielen Erkenntnissen für dich werden. Bevor es losgeht, darfst du zunächst für dich herausfinden, wo dein Ruheort ist. Der Ort, an dem sich dein Verstand leert und du auf neue Gedanken kommst.

DEIN RUHEORT

Kreuze an, welcher es für dich ist oder schreibe deinen ganz besonderen Ruheort auf.

- [ ] **ZUHAUSE**
- [ ] **BERGE**
- [ ] **SCHWIMMBAD**
- [ ] **SPA**
- [ ] **PARK**
- [ ] **LOST PLACE**
- [ ] **HOTEL**
- [ ] **BOOT**
- [ ] **STRAND**
- [ ] **SEE**
- [ ] **TERRASSE**
- [ ] **RESTAURANT**
- [ ] **CAFÉ**
- [ ] **WALD**
- [ ] ....

Hast du ihn gefunden? Genau dort, an deinem Ruheort, darfst du das Date mit dir selbst machen. Alle Antworten und alles, was du brauchst, ist bereits in dir. Die Landkarte mit den Routen zu himmlischen Oasen und verborgenen Schätzen liegt in dem dir vielleicht noch unbekannten Teil. Mache dich nun auf die Reise nach innen und folge dem, was du dort findest.

SO GEHST DU VOR

Grundsätzlich funktioniert das Date mit dir selbst so, wie es sich für dich richtig anfühlt. Du holst das Beste aus dem Buch heraus, wenn du die Übungen in der vorgegebenen Reihenfolge machst. Nimm dir bewusst Zeit und begib dich in Gedanken oder ganz real an deinen Ruheort. Leg dein Smartphone beiseite, um dich voll und ganz auf dich selbst und die Übung konzentrieren zu können.

Du startest deine Reise zu dir selbst in der Gegenwart. Im Hier und Jetzt überprüfst du deine aktuelle Lebenssituation, entdeckst deine Stärken und Schwächen und merkst, was dich glücklich macht. Im Anschluss daran blickst du zurück in deine Vergangenheit. Du wirst dir dabei über die Höhen und Tiefen in deinem bisherigen Leben bewusst.

Zuletzt imaginierst du deine Zukunft. Dabei verschaffst du dir Klarheit über deine wirklichen Wünsche und Träume und bekommst Ideen, wie du sie wahr werden lassen kannst. Und schließlich landest du wieder in der Gegenwart. Mit vielen neuen Erkenntnissen über dich selbst und vielen Impulsen, wie du dein weiteres Leben gestalten kannst.

AUFBAU DES BUCHES

Am Anfang jedes Kapitels – Gegenwart, Vergangenheit und Zukunft – findest du eine Impulsfrage für den gesamten Lebensabschnitt zur Einstimmung. Anschließend folgen jeweils mehrere Übungen, die alle nach demselben Prinzip aufgebaut sind. Zunächst erfährst du, warum die Übung es ins Buch geschafft hat und was sie dir bringt.

Dann wird dir die Übung erklärt. Eine kurze Weisheit gibt dir eine erste Idee, worum es in der Übung geht, und erinnert dich immer wieder daran, dass du schon alles in dir trägst.

Zum Einstieg folgt eine Impulsfrage zu dem Thema, um das es in der Übung geht. Du kannst sie in Gedanken oder schriftlich beantworten, unter und über der Frage ist deshalb reichlich Platz gelassen.

Anschließend kommt der Hauptteil der Übung. Jede Übung ist leicht und verständlich erklärt.

Hab Spaß dabei! Nach jeder Übung laden wir dich ein, in dich zu gehen und zu schauen, ob du aus ihr eine besondere Erkenntnis gewonnen hast.

DER KREISLAUF DER SELBSTREFLEXION

DEINE GEGENWART ANALYSIEREN

Wer bin ich?

DEINE ZUKUNFT KREIEREN

Was will ich wirklich?

DEINE VERGANGENHEIT REFLEKTIEREN

Wie bin ich die Person geworden, die ich bin?

DEINE
GEGENWART
ANALYSIEREN

In welchen Momenten fühlst du dich besonders glücklich?

#1

REALITÄTS-
CHECK

DEIN BENEFIT:

Du erkennst, wie zufrieden du mit deiner aktuellen Lebenssituation bist und triffst auf offene Wunden.

Was läuft gut im Moment? Wo ist noch Verbesserungsbedarf? Einfache Fragen helfen dir, dir einen Überblick über deine aktuelle Lebenssituation zu verschaffen. Du bist dazu eingeladen, diese Fragen mit purer Ehrlichkeit zu beantworten.

Einige dieser Fragen könnten bei dir etwas auslösen. Das kann manchmal hart sein. Erinnere dich daran, dass sich jeglicher Zustand ändern lässt. Natürlich nur, wenn der Wunsch nach einer Veränderung von dir kommt. Dafür ist diese Übung ein Startschuss.

!

DU BIST GUT SO, WIE DU BIST.
UND JETZT ÜBERNIMMST DU DIE
VERANTWORTUNG FÜR DICH SELBST.

Welche Note würdest du deinem Leben geben?

	NEIN		AB UND ZU		JA
Bist du zufrieden mit dir selbst?	☐	☐	☐	☐	☐
Fühlst du dich vollständig gesund?	☐	☐	☐	☐	☐
Fühlst du dich fit und stark?	☐	☐	☐	☐	☐
Findest du dich gutaussehend?	☐	☐	☐	☐	☐
Ernährst du dich gesund?	☐	☐	☐	☐	☐
Schläfst du gut und ausreichend?	☐	☐	☐	☐	☐
Stehst du morgens gerne auf?	☐	☐	☐	☐	☐
Lachst du häufig?	☐	☐	☐	☐	☐

	NEIN		AB UND ZU		JA
Bist du zufrieden mit deinem Beziehungsstatus?					
Bist du zufrieden mit deinem Sexualleben?					
Hast du gute Freund:innen, auf die du dich stets verlassen kannst?					
Hast du ein gutes Verhältnis zu deinen engsten Familienmitgliedern?					
Bist du zufrieden mit deinem Berufsweg?					
Bist du zufrieden mit deinem Einkommen?					
Bildest du dich stetig weiter?					
Würdest du dich selbst treffen wollen?					

#2

EINTRAG INS FREUNDEBUCH

DEIN BENEFIT:

Du erinnerst dich an etwas, was du wieder gerne machen würdest, etwas, das dir wichtig ist und gefällt.

Hast du dich schon einmal in einem Freundebuch verewigt? Die Fragen in dieser Übung geben dir Klarheit darüber, wofür du stehst, was du magst beziehungsweise was du gerne machen würdest.

Auf einige Fragen findest du sicher sofort eine Antwort, bei anderen darfst du etwas recherchieren.

!

ALLES WAS ZÄHLT, IST DER JETZIGE MOMENT.

?

Wann hast du zuletzt etwas zum ersten Mal gemacht?

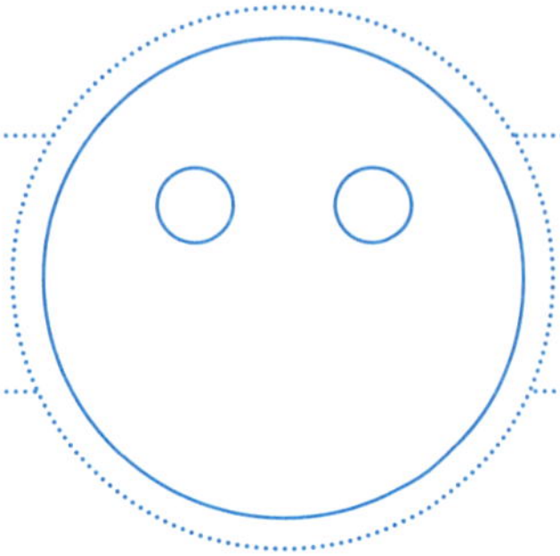

Dein momentaner Gefühlszustand:

Dein Spitzname:

Dein Beziehungsstatus:

Das ist dir am Wichtigsten:

Dein häufigstes Gefühl nach dem Aufstehen:

Deine Lieblingsaktivität:

Titel deiner Autobiografie:

Deine Definition von Erfolg:

Der Song, der dein Leben beschreibt:

Dein Leben in einem Wort:

Das macht dich traurig:

Das macht dich glücklich:

Dein Lieblingsessen:

Dein Lieblingsgetränk:

Dein größter Energieräuber:

Deine größte Angst:

Darüber denkst du gerade viel nach:

Worauf du am liebsten verzichten könntest:

#3

DEINE ESSENTIALS

DEIN BENEFIT:

Dir wird klar, was dir wichtig ist und wovon du loslassen darfst.

Würdest du sagen, du besitzt Dinge, die du nicht mehr benutzt? Welche Dinge bei dir Zuhause bereiten dir keine Freude mehr oder erinnern dich an etwas Schlechtes?

Nicht nur in der materiellen Welt finden wir solche Dinge. Auch auf unserem Smartphone oder auf dem Computer haben wir Erinnerungen abgespeichert, die uns heute nicht mehr fröhlich stimmen.

!

LASS LOS, WAS DIR KEINE FREUDE BEREITET.

Was hast du dir in den letzten Jahren gekauft, das dein Leben wirklich bereichert hat?

OFFLINE

Was sind die drei wichtigsten Dinge, die du aktuell zum Leben benötigst?

Was ist dein Lieblingsoutfit im Alltag?

Welcher Gegenstand bereitet dir Freude?

Was ist dein ältester Gegenstand? Warum hast du ihn noch?

Was ist deine Lieblingsmarke? Warum?

Was ist dein luxuriösester Gegenstand?

Welche Dinge könntest du an jemanden verschenken?

ONLINE

Was sind deine Lieblingsapps? Warum?

Wer sind deine wertvollsten Kontakte in deinem Telefonbuch?

Bei welchem Kontakt hast du dich schon seit Jahren nicht mehr gemeldet?

Wie hoch ist deine aktuelle Bildschirmzeit im Durchschnitt pro Tag?

Wie hilft dir dein Smartphone im Alltag?

Was ist der häufigste Grund, warum du an dein Smartphone gehst?

Welches Foto oder Video macht dich traurig?

Welches Foto oder Video weckt eine schöne Erinnerung in dir?

#4

DER PICASSO IN DIR

DEIN BENEFIT:

Dir wird deine aktuelle Gefühlslage bewusst und du verarbeitest aufgestaute Gedanken.

Heute darfst du deinen inneren Picasso auspacken. Ohne dafür bewertet zu werden. Und im besten Fall wirst du dir beim Zeichnen über einiges bewusst. Es gibt nur dich, einen Stift und leere Bilderrahmen, die du in dieser Übung füllst. Um dich herum ist alles ausgeschaltet.

Es gibt keine Ablenkungen. Und du zeichnest darauf los. In dir verborgene Dinge kommen hoch.

Zeichnen, egal ob gut oder schlecht, führt dich in den gegenwärtigen Moment. Und anschließend kehrst du zurück in die reale Welt. Bloß mit einem neuen Blickwinkel und neuen Gedanken.

!

DAS LEBEN GESCHIEHT IMMER FÜR DICH, NICHT GEGEN DICH.

Welches Wort beschreibt dieses Jahr am besten?

Zeichne ein Bild, welches dein Leben insgesamt beschreibt.

Was siehst du darin? Wie interpretierst du es?

Zeichne, wie du dich im gegenwärtigen Moment fühlst.

Was siehst du darin? Wie interpretierst du es?

Zeichne, was du an dir selbst am meisten magst –
äußerlich oder innerlich.

Was siehst du darin? Wie interpretierst du es?

Zeichne, was du aus deinem Leben loswerden willst.

Was siehst du darin? Wie interpretierst du es?

Zeichne den Gegenstand, der für dich persönlich am wertvollsten ist.

Was siehst du darin? Wie interpretierst du es?

Zeichne, was dir in diesem Moment
gerade in den Sinn kommt.

Was siehst du darin? Wie interpretierst du es?

#5

EINLADUNG ZUR GARTENPARTY

DEIN BENEFIT:

Dir wird klar, welche Menschen dir wirklich nahestehen und wichtig für dich sind.

Stell dir vor, du wurdest befördert. Um auf diesen Erfolg anzustoßen, planst du eine Gartenparty, bei der du die Sitzordnung vorgibst.

Wer kommt an den Familientisch? Wer an den Freundestisch? Wer sitzt am Bekanntentisch? Wen lädst du bewusst nicht ein?

!

DU KANNST DIE MENSCHEN UM DICH HERUM NICHT VERÄNDERN, ABER DU KANNST ÄNDERN, WELCHE MENSCHEN UM DICH HERUM SIND.

Welche Person ist immer für dich da?

DEINE SITZORDNUNG FÜR DIE GARTENPARTY

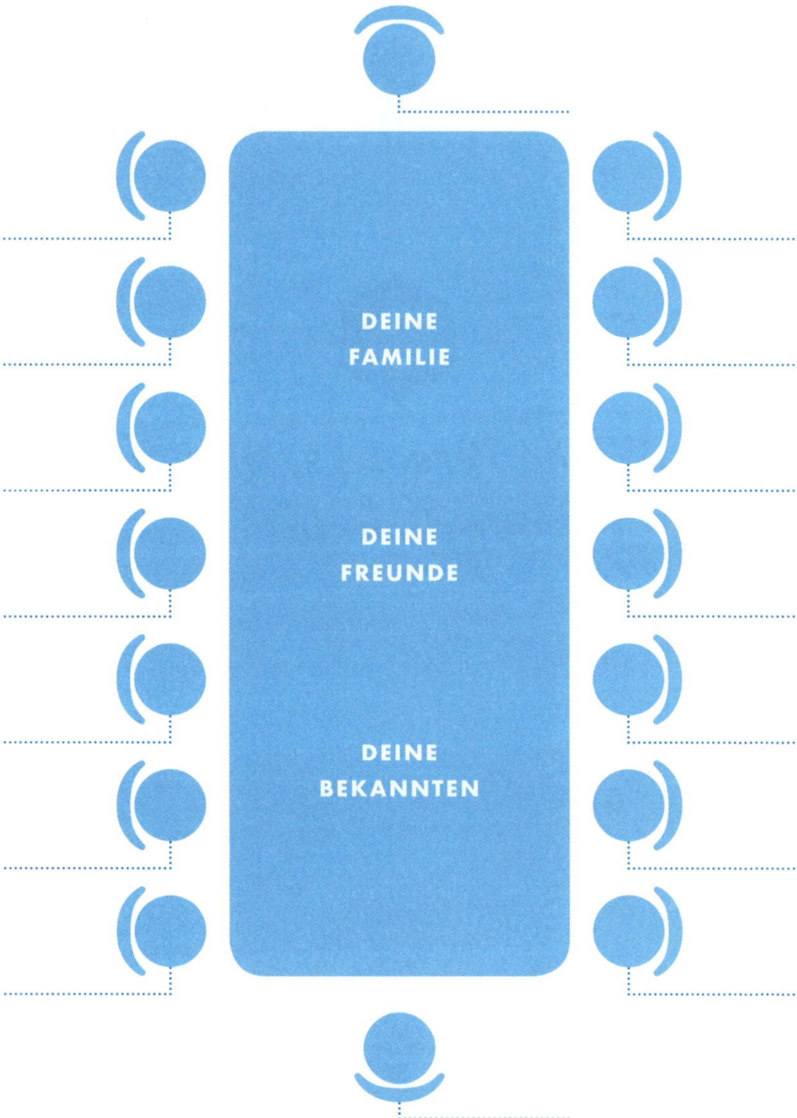

WAS SIND DIE GESPRÄCHS-THEMEN MIT…?

… deiner Familie

… deinen Freunden

… deinen Bekannten

DIESE PERSONEN LÄDST DU BEWUSST NICHT EIN:

PERSON	GRUND

#6

DEINE GESUNDHEIT

DEIN BENEFIT:

Du wirst dir bewusst, wie gesund und fit du dich fühlst, was du zuletzt vernachlässigt hast und was du wieder öfter machen möchtest.

Gesundheit: Damit fangen wir meist erst dann an uns zu beschäftigen, wenn wir krank sind. Das änderst du heute. Du analysierst in dieser Übung, wie du dich ernährst, wie oft du dich bewegst, wie du schläfst und wie mental fit du bist.

!

GESUNDE MENSCHEN HABEN VIELE WÜNSCHE, KRANKE NUR EINEN.

Was bedeutet Gesundheit für dich?

ERNÄHRUNG

Dieses Essen ist für dich gesund und lecker

Das isst du aktuell am häufigsten

Dort kaufst du deine Lebensmittel

So viel Obst und Gemüse isst du täglich

Das ist deine aktuelle Ernährungsform

BEWEGUNG

So oft machst du Sport pro Woche

Das ist deine Lieblingssportart

Dein Sitzen-Liegen-Gehen-Verhältnis (in %)

Dein häufigstes Gefühl vor dem Sport

Dein häufigstes Gefühl nach dem Sport

Das ist deine sportliche Stärke

Diesen Sport meidest du

SCHLAF

So lange brauchst du, um einzuschlafen

Dein häufigstes Gefühl nach dem Aufwachen

Deine letzten Aktivitäten vor dem Einschlafen

So viele Stunden schläfst du im Durchschnitt

So oft wachst du pro Nacht auf

Das machst du als erstes nach dem Aufstehen

So bewertest du deinen Schlaf insgesamt

MENTALE GESUNDHEIT

So macht sich Stress bei dir bemerkbar

In diesen Situationen fühlst du dich überfordert

Darüber machst du dir zu viele Gedanken

Diese wichtigen Sachen schiebst du aktuell auf

Danach bist du süchtig

Mit diesen Menschen redest du über deine Probleme

Diese Menschen schenken dir Energie

Diese Menschen rauben dir Energie

#7

DAS VOLLE GLAS

DEIN BENEFIT:

Du erkennst all das Schöne, das bereits in deinem Leben ist.

Ist dein Glas halbvoll oder halbleer? In dieser Übung realisierst du, wie viel positive und schöne Dinge bereits in deinem Leben sind. Du füllst dein Glas voll mit Optimismus, Freude und Glück.

Falls aktuelle Lebensumstände nicht deinen Wünschen entsprechen, findet sich auch darin etwas Positives. Es wird immer mindestens einen Menschen geben, der weniger oder mehr hat als du.

!

ES IST ALLES GUT, FÜR PANIK IST NOCH ZEIT GENUG.

Wann hat sich zuletzt jemand bei dir bedankt?

Für welchen Ratschlag, den du von anderen bekommen hast, bist du dankbar?

Für welche materielle Sache bist du dankbar?

Was lief in letzter Zeit richtig gut?

Wer oder was inspiriert dich aktuell?

Für welche Erfindung bist du dankbar? Warum?

Wofür bist du deinem Körper dankbar?

Gibt es jemanden, dem du mal wieder »Danke« sagen möchtest? Wen und warum?

Was hat jemand kürzlich für dich getan, das dir dein Leben erleichtert hat?

Welche Vorteile hat dein Beziehungsstatus?

Welche gesellschaftlichen Veränderungen, die du aktuell wahrnimmst, findest du gut?

Was liebst du an deinem Wohnort?

Wer oder was bringt dich häufig zum Lachen?

Für welche technologischen Mittel bist du dankbar?

Wofür bist du dir selbst dankbar?

#8

SELBSTBILD VERSUS FREMDBILD

DEIN BENEFIT:

Du entdeckst deine Stärken und das, woran du noch arbeiten darfst.

Dein Selbstbild beruht darauf, wie du dich selbst wahrnimmst. Das Fremdbild beruht darauf, wie andere dich wahrnehmen. Zunächst schätzt du dich selbst ein. Danach laden wir dich ein, dieselben Fragen einen engen Vertrauten oder eine enge Vertraute zu schicken mit der Bitte, ehrlich zu antworten, wie er beziehungsweise sie dich sieht.

Mit einigen Antworten wirst du bestimmt nicht rechnen und kommst dadurch zu neuen Erkenntnissen über dich selbst. Lass dich nicht hängen, wenn manche Antworten dich enttäuschen. Denn sie zeigen dir Unbekanntes.

!

FEEDBACK IST MANCHMAL SCHMERZHAFT, ABER IMMER HILFREICH.

Über welches Kompliment denkst du heute noch nach?

SELBSTBILD

ICH BIN...	JA/NEIN	DEFINITION
Selbstbewusst	☐ ☐	*Du kannst deine Wünsche klar äußern.*
Kreativ	☐ ☐	*Du erschaffst Dinge, Werke oder Lösungen aus dem Nichts.*
Anpassungsfähig	☐ ☐	*Du kannst dich schnell auf neue Personen oder Situationen einstellen.*
Zuverlässig	☐ ☐	*Du hältst deine Versprechen ein.*
Ehrgeizig	☐ ☐	*Du setzt dich beharrlich für deine Ziele ein.*
Motiviert	☐ ☐	*Du raffst dich selbst auf, das zu tun, was gerade wichtig ist.*
Empathisch	☐ ☐	*Du kannst dich gut in andere hineinversetzen und deren Handlungen nachvollziehen.*
Ausgeglichen	☐ ☐	*Du bist innerlich ruhig, auch wenn im äußeren Chaos herrscht.*
Freundlich	☐ ☐	*Du bist liebevoll und wohlwollend zu anderen Menschen.*

ICH BIN...	JA/NEIN	DEFINITION
Hilfsbereit	☐ ☐	*Du hilfst gerne, ohne eine Gegenleistung dafür zu erwarten.*
Humorvoll	☐ ☐	*In deiner Umgebung wird häufig gelacht.*
Schlagfertig	☐ ☐	*Du reagierst auf sprachliche Angriffe souverän und mit einer meist witzigen Reaktion.*
Selbstständig	☐ ☐	*Du kommst ohne Hilfe aus.*
Mutig	☐ ☐	*Du schätzt Risiken gut ein und machst Dinge, die dich voranbringen obwohl du davor Angst hast.*
Loyal	☐ ☐	*Du unterstützt Menschen oder Vorhaben, auch wenn es nicht immer gut läuft.*
Ehrlich	☐ ☐	*Du sprichst deine Wahrheit offen und mit Aufrichtigkeit aus.*
Geduldig	☐ ☐	*Du kannst entspannt auf etwas warten oder erträgst auch unangenehme Situationen.*

FREMDBILD

ICH BIN...	JA/NEIN		DEFINITION
Selbstbewusst	☐	☐	*Du kannst deine Wünsche klar äußern.*
Kreativ	☐	☐	*Du erschaffst Dinge, Werke oder Lösungen aus dem Nichts.*
Anpassungsfähig	☐	☐	*Du kannst dich schnell auf neue Personen oder Situationen einstellen.*
Zuverlässig	☐	☐	*Du hältst deine Versprechen ein.*
Ehrgeizig	☐	☐	*Du setzt dich beharrlich für deine Ziele ein.*
Motiviert	☐	☐	*Du raffst dich selbst auf, das zu tun, was gerade wichtig ist.*
Empathisch	☐	☐	*Du kannst dich gut in andere hineinversetzen und deren Handlungen nachvollziehen.*
Ausgeglichen	☐	☐	*Du bist innerlich ruhig, auch wenn im äußeren Chaos herrscht.*
Freundlich	☐	☐	*Du bist liebevoll und wohlwollend zu anderen Menschen.*

ICH BIN...	JA/NEIN	DEFINITION
Hilfsbereit	☐ ☐	*Du hilfst gerne, ohne eine Gegenleistung dafür zu erwarten.*
Humorvoll	☐ ☐	*In deiner Umgebung wird häufig gelacht.*
Schlagfertig	☐ ☐	*Du reagierst auf sprachliche Angriffe souverän und mit einer meist witzigen Reaktion.*
Selbstständig	☐ ☐	*Du kommst ohne Hilfe aus.*
Mutig	☐ ☐	*Du schätzt Risiken gut ein und machst Dinge, die dich voranbringen obwohl du davor Angst hast.*
Loyal	☐ ☐	*Du unterstützt Menschen oder Vorhaben, auch wenn es nicht immer gut läuft.*
Ehrlich	☐ ☐	*Du sprichst deine Wahrheit offen und mit Aufrichtigkeit aus.*
Geduldig	☐ ☐	*Du kannst entspannt auf etwas warten oder erträgst auch unangenehme Situationen.*

#9

SELBSTBEWUSSTSEIN NEU GEDACHT

DEIN BENEFIT:

Du triffst Entscheidungen künftig leichter, ziehst neue Menschen mit ähnlichen Werten an und wirst selbstbewusster. Du wirst dich im Anschluss anders wahrnehmen und auch anders wahrgenommen werden.

Was ist dir wirklich wichtig? In dieser Übung lernst du deine Werte kennen, die auf deinen aktuellen Bedürfnissen basieren.

Deine Werte sind Überzeugungen oder Eigenschaften, die du als gut oder erstrebenswert erachtest. An ihnen richtest du jeden Tag unterbewusst dein Verhalten aus. Werte sind jedoch wandelbar.

Deswegen ist es empfehlenswert, diese Übung immer dann erneut durchzuführen, wenn du merkst, dass sich deine aktuellen Werte nicht mehr richtig anfühlen.

!

BLEIB DIR SELBST TREU.

Was war deine letzte große Entscheidung?

UMKREISE, WAS DIR WICHTIG IST.

Abenteuer

Akzeptanz

Anerkennung

Anpassung

Anstand

Aufgeschlossenheit

Aufopferung

Ausdauer

Ausdrucksfähigkeit

Ausgeglichenheit

Ausstrahlung

Bedeutend sein

Beharrlichkeit

Beitrag leisten

Beliebtheit

Berühmtheit

Bescheidenheit

Bindung

Charme

Dankbarkeit

Demut

Disziplin

Dominanz

Effektivität

Ehrlichkeit

Empathie

Einfluss

Einzigartigkeit

Erfolg

Fairness

Familie

Fokussiert sein

Freiheit

Freude

Freundlichkeit

Freundschaft

Frieden

Geben

Gelassenheit

Gemütlichkeit

Gerechtigkeit

Gewinnen

Gewissheit

Glaubwürdigkeit

Harmonie

Herausforderung

Hilfsbereitschaft

Humor

Hygiene

Inspiration

Klarheit

Kooperation

Kreativität

Leidenschaft

Leistung

Lernen

Liebe

Loyalität

Macht

Mitgefühl

Optimismus

Ordnung

Perfektion

Privatsphäre

Pünktlichkeit

Realismus

Respekt

Selbstvertrauen

Sinnhaftigkeit

Sparsamkeit

Spaß

Spontanität

Teamwork

Treue

Vermögen

Vertrauen

Wachstum

Zufriedenheit

Zuneigung

Zuverlässigkeit

Zärtlichkeit

Liste deine zehn wichtigsten Werte auf und schreibe in wenigen Worten dazu, was er jeweils für dich bedeutet.

1 ……………………………………………………

2 ……………………………………………………

3 ……………………………………………………

4 ……………………………………………………

5 ……………………………………………………

6 ……………………………………………………

7 ……………………………………………………

8 ……………………………………………………

9 ……………………………………………………

10 ……………………………………………………

Gehe nochmal in dich und liste nun deine drei wichtigsten Werte auf und überlege dir, wie du sie praktisch in deinen Alltag integrieren und leben kannst.

WERT 1:

WERT 2:

WERT 3:

REFLEXION GEGENWART

Großartig. Du hast mit voller Ehrlichkeit deine aktuelle Lebenssituation analysiert. Du hast gemerkt, wer und was dir wichtig ist, wofür du stehst und was deine Stärken sind. Abschließend bist du eingeladen, aufzuschreiben, welche neuen Erkenntnisse du gewonnen hast.

DEINE VERGANGEN-HEIT REFLEKTIEREN

Welche Botschaft würdest du dir an dein jüngeres Ich schicken?

#10

EMOTIONALE ACHTERBAHN

DEIN BENEFIT:

Dir wird bewusst, warum dein bisheriges Leben so verlief, wie es verlief.

Mit dieser Übung findest du deine bisherigen Hoch- und Tiefpunkte heraus. Also die Momente, in denen du glücklich warst, und die, in denen du unglücklich warst.

Zunächst identifizierst du anhand von Fragen die Hoch- und Tiefpunkte deines bisherigen Lebens. Abschließend reflektierst du über alle.

Möglicherweise erkennst du schon jetzt, warum dein Leben so verlief, wie es verlief. Ebenfalls ist es möglich, dass du dir deiner Lebensmission bewusst wirst.

!

DEIN TIEFPUNKT IST DEINE GRÖSSTE CHANCE FÜR EINE POSITIVE VERÄNDERUNG.

Was ist das Beste, das dir je passiert ist?

HILFSFRAGEN HOCHPUNKTE

Was ist deine schönste Kindheitserinnerung?
Was war der beste Tag deines Lebens?
Welches Lob hat dich besonders berührt?
Wann warst du besonders stolz auf dich?
An welchem Ort hast du dich besonders gut gefühlt?
Was war das Schönste, was du je gesehen hast?

HILFSFRAGEN TIEFPUNKTE

Was ist deine schlimmste Erinnerung?
Wann musstest du weinen?
In welcher Zeit hast du dich besonders unwohl gefühlt?
Was war dein schlimmster Fehler?
Was hast du verloren?
Wer hat dich mal sehr verärgert?
Worauf bist du nicht stolz?

HOCHPUNKTE

TIEFPUNKTE

Markiere deine Top 3 Hoch- und Tiefpunkte.

Was hast du aus deinem Tiefpunkt gelernt?

1 ....

2 ....

3 ....

Wie wäre dieser Tiefpunkt gar nicht erst entstanden?

1 ....

2 ....

3 ....

Wie würdest du reagieren, wenn dieser Tiefpunkt heute nochmal eintreten würde?

1 ....

2 ....

3 ....

Wie hat sich dein Leben nach diesem Hochpunkt verändert?

1 ....

2 ....

3 ....

Wie profitierst du noch heute von diesem Hochpunkt?

1 ....

2 ....

3 ....

Was hast du dafür getan, damit dieser Hochpunkt geschehen konnte?

1 ....

2 ....

3 ....

#11

LEBENSLAUF 2.0

DEIN BENEFIT:

Du verstehst, wer oder was dich beeinflusst hat.

Für die einen war sie langweilig, für andere eine Zeit zum Vergessen. Für wiederum andere jedoch die Zeit ihres Lebens. Gemeint ist deine Jugend. Sobald wir in der Pubertät angekommen sind, probieren wir zumeist viele Dinge aus. Manche Erfahrungen sind super, andere weniger.

In dieser Übung schreibst du deinen Lebenslauf – mal anders. Vollgepackt mit deinen Erfahrungen und erlebten Momenten.

!

DIE GRÖSSTEN FEHLER SIND DIE,
DIE MAN NIE GEMACHT HAT.

?

Was hast du als Kind nach der Schule am liebsten gemacht?

Wie würdest du dich als Kind beschreiben?

Was waren besondere Momente in deiner Schulzeit?

Was war dein Lieblingsfach?

Welches Fach hat dir gar nicht gefallen?

Gab es Lehrkräfte, die dir besonders in Erinnerung geblieben sind? Warum?

Wer waren deine besten Schulfreund:innen?

Wofür hast du dich sozial engagiert?

Wie oft bist du bereits umgezogen? Hat sich durch einen der Umzüge etwas besonders verändert?

Womit hast du bereits Geld verdient?

Gibt es berufliche Erfahrungen, die dir in besonderer Erinnerung geblieben sind?

Würdest du bis hierhin den gleichen beruflichen Werdegang erneut wählen? Oder was würdest du anders machen?

In welchen Ländern warst du bereits?

Was war deine schönste Reise?

Welche Sprachen sprichst du? Wie kannst du sie nutzen?

Was war deine größte Jugendsünde? Was hast du daraus gelernt?

Welche Person hat dich in der Jugend besonders geprägt?

#12

EIN BESUCH IN DEINEM MUSEUM

DEIN BENEFIT:

Du feierst stolz deine Erfolge und erkennst das Schöne in deiner Vergangenheit.

Stell dir vor, deine Vergangenheit hängt in einem Museum. Du stehst in dem großen Saal und betrachtest deine schönsten Erinnerungen, die dort an den Wänden ausgestellt sind. Erinnerungen an Orte, Menschen, lustige Situationen und erfolgreiche Momente. Du darfst die Rahmen jetzt nur noch mit Inhalt füllen.

!

DIE VERGANGENHEIT IST NICHT VERSCHWUNDEN, SIE IST IMMER GEGENWÄRTIG.

Wer weiß alles, wirklich alles über deine Vergangenheit?

DEIN ERSTES DATE

DEIN ERSTER KUSS

DEIN ERSTES MAL SEX

DEINE ERSTE BEZIEHUNG

DEIN ERSTER LIEBESKUMMER

DEIN GRÖSSTER ERFOLG

DAS WOLLTEST DU FRÜHER WERDEN

DAS WIRST DU NIE VERGESSEN

DEINE LIEBLINGSBE-
SCHÄFTIGUNG ALS KIND

DEIN SCHÖNSTER TAG

DIE HELD:IN
DEINER KINDHEIT

DEIN PEINLICHSTES
ERLEBNIS

DEIN LIEBLINGSORT

DEIN LIEBLINGSFILM

DEINE LIEBLINGSSERIE

DEIN LIEBLINGSBUCH

#13

(K)EIN VORBILD

DEIN BENEFIT:

Du lernst von Menschen, die dort angekommen sind, wo du hinwillst, und erkennst Muster, wie sie dorthin gekommen sind.

In dieser Übung suchst du dir zunächst zwei Vorbilder aus. Jemanden, der dich inspiriert oder bereits dort ist, wo du hinwillst, als positives Vorbild. Und einen Menschen, der als negatives Vorbild dafür steht, wie du ganz bestimmt nicht werden willst.

Danach recherchierst du, wie diese Menschen es dorthin geschafft haben, wo sie sind, und überlegst, was du von ihrem Weg lernen kannst.

!

WENN DU NICHTS ÄNDERST,
ÄNDERT SICH NICHTS.

Mit welcher Person würdest du gerne Mittag essen?

DEIN POSITIVES VORBILD IST:

Was macht diese Person besonders gut?

Was hat sie getan, um die Person zu werden, die sie jetzt ist?

Wie sah ihre Kindheit aus?

Was kannst du von dieser Person lernen?

Wie integrierst du diese Erkenntnis in deinen Alltag?

DEIN NEGATIVES VORBILD IST:

Was macht diese Person in deinen Augen nicht richtig?

Was hat sie getan, um die Person zu werden, die sie jetzt ist?

Wie sah ihre Kindheit aus?

Was kannst du von dieser Person lernen?

Wie integrierst du diese Erkenntnis in deinen Alltag?

#14

SEIT TAG EINS

DEIN BENEFIT:

Du verstehst, wie deine Eltern dich geprägt haben, und wie du der Mensch geworden bist, der du heute bist.

Es gibt in der Regel nichts, was uns in den ersten Lebensjahren so sehr prägt, wie der Einfluss unserer Eltern. Wenn du bei ihnen aufwächst, verbringst du normalerweise mit ihnen die meiste Zeit deiner frühen Kindheit. Während lange Zeit deine Eltern für dich völlig in Ordnung sind, kommt spätestens ab der Pubertät eine Phase, in der sich das ändert, du aufbegehrst und deinen Willen durchboxen willst. Wenn du daraus erwachsen bist, geht es darum, wieder eine gesunde Beziehung zu deinen Eltern herzustellen. Sie haben wahrscheinlich keine Schule besucht, um zu lernen, wie sie ein Kind gut erziehen. Aber sie haben wohl in den meisten Fällen einfach ihr Bestes getan oder schlicht das, was sie für richtig gehalten haben.

Falls trotzdem nach deinen Vorstellungen und Wünschen einiges schieflief, bist du eingeladen, ihnen zu verzeihen. Denn das tut auch dir gut.

In dieser Übung blickst du auf deine Beziehung zu deinen Eltern zurück.

!

LIEBE BEDINGUNGSLOS.

Was würdest du deinen Eltern sagen, wenn du sie heute zum letzten Mal sehen würdest?

DEINE ERSTE ASSOZIATION ZU…

… Mama:

… Papa:

… deiner Kindheit:

Wie war das Verhältnis zu deinen Eltern in deiner Kindheit?

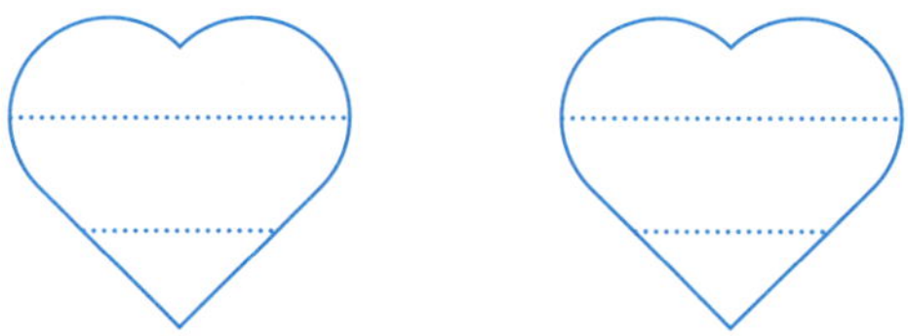

EINWANDFREI

GEMISCHT

AUSBAUFÄHIG

MAMA **PAPA**

Wie ist das aktuelle Verhältnis zu deinen Eltern?

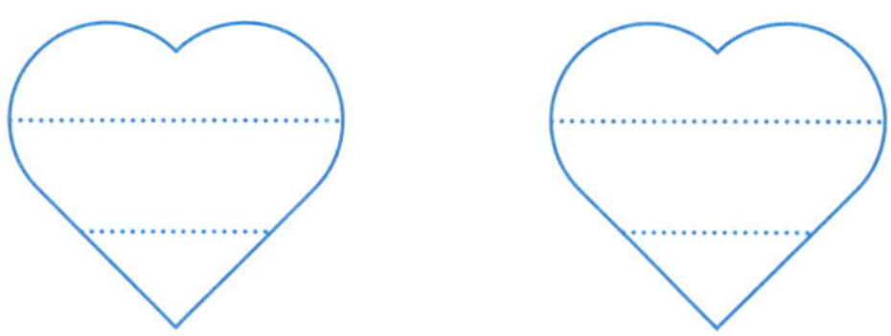

EINWANDFREI

GEMISCHT

AUSBAUFÄHIG

MAMA **PAPA**

In welchen Momenten waren deine Eltern besonders wichtig für dich?

Gibt es etwas, wofür du dich bei ihnen entschuldigen willst?

Was haben dir deine Eltern verboten, worüber du dich geärgert hast?

Gibt es etwas, was du deinen Eltern nie erzählt hast?

Was würdest du in der Erziehung deiner Kinder anders machen als deine Eltern bei dir?

#15

INNEREN FRIEDEN FINDEN

DEIN BENEFIT:

Du spürst inneren Frieden, indem du dir oder anderen Menschen vergibst und bist im Reinen mit dir.

Gibt es Menschen, bei denen du früher oder auch noch heute eine große Wut verspürst, wenn du an sie denkst, weil sie dir oder deinen Liebsten früher etwas angetan haben?

Du kannst die Vergangenheit nicht mehr ändern, es war so, wie es war. Und es gab sicherlich Gründe, warum sich dieser Mensch so verhalten hat. Vielleicht hat er es nicht besser gewusst oder in dem Moment das getan, was er für richtig hielt. Wichtig ist, dass du dich von deinen Gefühlen, wie der Wut befreist und anfängst zu vergeben. Diese Übung unterstützt dich dabei, negative Assoziationen und Gefühle, die du diesem Menschen gegenüber hast, loszulassen. So kannst du dich freimachen für deine Zukunft voller Leichtigkeit.

Wem willst du vergeben? Es kannst auch du selbst sein.

!

VERGEBUNG HEISST AUFZUHÖREN, SICH EINE BESSERE VERGANGENHEIT ZU WÜNSCHEN.

Welcher Konflikt hat dich persönlich wachsen lassen?

Schreibe demjenigen, dem du vergeben möchtest, einen Brief. Beschreibe darin alle Situationen, die dich verletzt und wütend gemacht haben. Schreibe dir alle Vorwürfe von der Seele.

Liebe / r

Und jetzt bereite dich innerlich darauf vor, all diese Gefühle und Vorwürfe loszulassen. Wenn du soweit ist, beende den Brief mit diesen (oder auch deinen eigenen) Worten:

Ich bin bereit, zu akzeptieren, wie du dich in dieser Form verhalten hast. Du hast in dem Moment das getan, was du für richtig gehalten hast. Ich vergebe dir und bin im Reinen mit mir selbst.

Dein / e

Wie fühlst du dich jetzt?

Gibt es noch andere Menschen, denen du vergeben möchtest? Schreibe auch ihnen einen Brief. Möchtest du dir selbst etwas vergeben? Du kannst auch dir einen Brief schicken.

Die Briefe sind in erster Linie für dich gedacht. Wenn dir danach ist, kannst du sie jedoch auch an die Empfänger:in schicken – und so mit ihm oder mit ihr in einen Dialog über deine Vergangenheit kommen.

REFLEXION VERGANGENHEIT

Du kehrst von der Reise aus deiner Vergangenheit zurück und hältst für einen Moment inne. Hast du dich an schöne Momente erinnert? Fühlst du dich gestärkt? Gibt es noch offene Themen? Was ist dir klar geworden?

DEINE
ZUKUNFT
KREIEREN

Welches Gefühl hast du, wenn du das Wort »Zukunft« hörst?

#16

DEINE WUNSCHLISTE

DEIN BENEFIT:

Du wirst dir über deine wahren Wünsche bewusst und erkennst, was du wirklich willst.

Wo willst du dich hin entwickeln? Was darf in dein Leben treten? Was soll sich ändern und was soll so bleiben, wie es ist?

Deine Wunschliste schickst du zwar nicht an den Weihnachtsmann. Diese Übung – und auch die folgenden – funktionieren aber so ähnlich. Zunächst wirst du dir über deine Wünsche klar, dann prüfst du Möglichkeiten, wie sie in Erfüllung gehen können.

Du kannst dir ein klares Ziel setzen, einen Plan aufstellen oder einfach loslegen.

!

WÜNSCHE KOMMEN OFT VERPACKT IN ARBEIT.

Welchen Herzenswunsch willst du dir eines Tages erfüllen?

WAS WÜNSCHT DU DIR FÜR DIESE LEBENSBEREICHE?

GESUNDHEIT

SOZIALES ENGAGEMENT

LIEBE & PARTNERSCHAFT

FREIZEIT & SPASS

FAMILIE & FREUND:INNEN

PERSÖNLICHKEIT

KARRIERE & FINANZEN

#17

UND ... ACTION!

DEIN BENEFIT:

Du entdeckst deine Vision und die Gefühle, die du jeden Tag haben möchtest.

Stell dir vor, du bist Drehbuchautor:in und darfst den morgigen Tag vorherbestimmen. Wie sähe dein idealer Tag aus, wenn Zeit und Geld keine Rolle spielen würden?

Während du deinen idealen, morgigen Tag in dieser Übung kreierst, entdeckst du Gefühle, die du jeden Tag leben möchtest. Es entsteht ein klares Bild in deinem Kopf, wo du hinwillst, und du erkennst, was du ab jetzt aus deinem Leben verbannen willst.

Dabei kann es passieren, dass du nach dieser Übung traurig bist, weil du noch nicht in deinem Traumleben angekommen bist. Wenn das so ist, rufe dir ins Bewusstsein, dass das Gefühl bei dem, was du machst, wichtiger ist, als das, was du machst.

!

GLÜCK IST NICHT DAS ZIEL DER REISE. SONDERN DIE ART, WIE UND MIT WEM MAN REIST.

In welcher Filmwelt würdest du gerne für einen Tag leben?

0 UHR – 12 UHR

Wann wachst du auf?

Wo wachst du auf?

Wachst du alleine auf?

Dein Gefühlszustand nach dem Aufstehen in drei Worten.

Was machst du als Erstes nach dem Aufstehen?

Was isst du zum Frühstück?

Welche Kleidung ziehst du an?

Wie ist das Wetter?

Womit verbringst du den Vormittag?

Was ist anders als an einem üblichen Vormittag von dir?

Was gibt es zum Mittagessen? Gibt es auch Nachtisch?

12 UHR – 24 UHR

Wie verbringst du den Nachmittag?

Welchen Snack isst du zwischendurch?

Womit verdienst du heute Geld?

Was isst du zum Abendbrot?

Wie sieht deine Abendgestaltung aus?

Was machst du, bevor du ins Bett gehst?

Was hat dir heute am meisten Freude bereitet?

Womit hast du anderen eine Freude gemacht?

Dein Gefühlszustand, bevor du ins Bett gehst, in drei Worten.

WAS FÜHLST DU AN DEINEM IDEALEN TAG?

Schreibe die wichtigsten Gefühle auf:

1. ....

2. ....

3. ....

4. ....

5. ....

6. ....

Was kannst du tun, um diese Gefühle schon heute zu leben?

#18

AUF WOLKE 7

DEIN BENEFIT:

Du kannst deinem Leben eine neue Richtung geben und erkennst, was für ein Mensch du sein willst.

Diese Übung hat nicht viel mit dem Tod zu tun, stattdessen viel mit dem Leben.

Stell dir vor, du bist ganz friedlich alt geworden, blickst zurück auf dein Leben und planst deine Beerdigung. Du denkst darüber nach, was wichtige Menschen mit dir gemeinsam erlebt haben, was sie an dir mochten, und was sie, wenn sie noch leben würden, auf deiner Beerdigung über dich sagen würden.

!

BEREUE NICHTS VON DEM, WAS DIR IM LEBEN WIDERFAHREN IST. NIMM ALLES ALS EINE LEHRE.

Was würdest du tun,
wenn du nur noch einen
Monat zu leben hättest?

Wie alt würdest du gerne werden?

Was willst du auf der Welt hinterlassen haben?

Was war dein größter beruflicher und/oder persönlicher Erfolg?

Welches Lied soll auf deiner Beerdigung gespielt werden?

Was ist dein Projekt im nächsten Leben?

DARAN ERINNERN SICH DIE DIR WICHTIGEN MENSCHEN

FAMILIENMITGLIED:

Was war euer schönstes gemeinsames Erlebnis?

Was mochte diese Person an dir?

Für was wird sie dich für immer in Erinnerung behalten?

FREUND/IN:

Was war euer schönstes gemeinsames Erlebnis?

Was mochte diese Person an dir?

Für was wird sie dich für immer in Erinnerung behalten?

#19

DIE STRASSE ZUM GLÜCK

DEIN BENEFIT:

Du findest neue Interessen (oder alte, in Vergessenheit geratene wieder) und heraus, was dich begeistert.

Was macht dir Spaß? Welche Aktivitäten sind mehr als nur ein Zeitvertreib für dich? Schlummert in dir die nächste Sterneköch:in? Oder vielleicht die nächste, berühmte Bergsteiger:in? Oder etwas ganz anderes?

Was immer es ist: Alles, was du mit Leidenschaft tust, schenkt dir Lebensfreude. Mitunter bewältigst du dabei Herausforderungen oder du triffst neue Menschen, die dich inspirieren.

Diese Übung listet die verschiedensten Aktivitäten auf. Schau, ob du darunter alte und neue Interessen entdeckst.

!

TUE, WAS DIR FREUDE BEREITET.

Über welches Thema könntest du stundenlang reden?

Umkreise, was du heute schon leidenschaftlich betreibst, was dich fasziniert oder du ausprobieren möchtest.

SPORT

Fussball	Reiten	Inline-Skating
Basketball	Dart	Cheerleading
Handball	Joggen	Segeln
Volleyball	Turnen	Surfen
Bodybuilding	Leichtathletik	Squash
Tanzen	Wandern	Karate
Klettern	Fahrrad fahren	MMA
Schach	Wrestling	Jiu Jitsu
Skateboard fahren	Boxen	Taekwondo
Jonglieren	Ski fahren	Kanu
Trampolin springen	Snowboard fahren	Tretboot
(Tisch-)Tennis	Karate	Parkour
Bowling	Wrestling	Rugby
(Mini-)Golf	Judo	Football
Schwimmen	(Eis-)Hockey	Baseball
Billard	Eislaufen	Wasserball

MUSIK

Singen

Beats machen

Beatboxing

Musik hören

Gitarre spielen

Schlagzeug

Klavier

Trommeln

Flöte

Geige

Trompete

HANDWERK

DIY-Projekte

Basteln

Töpfern

Gärtnern

Schnitzen

Nähen

Dekorieren

Tischlern

Kochen

Backen

ENTSPANNUNG

Yoga

Meditation

Angeln

Stricken

Sauna

Spazieren gehen

Massage

Lesen

Puzzlen

Filme

Serien

Biohacking

Hypnose

KREATIVITÄT

Malen

Zeichnen

Sprachen lernen

Schauspielern

Schreiben

Fotografie

Videografie

Social Media

ODER, ODER, ODER

Gespräche mit Freund:innen

Diskutieren

Politik

Soziales Engagement

Gesellschaftliches Engagement

Nachhaltigkeit

Gesellschaftsspiele

E-Sports

Cosplay

Fallschirmspringen

Paragliding

Heimkino

Restaurants testen

Wein verkosten

Haustier

Aquarium

Aktien

Shoppen

Freizeitparks

Geocaching

Astrologie

Zaubern

Sammeln

Comics

Party machen

Kino

Konzerte

Festivals

Wissenschaft

Museumsbesuche

Mode

Naturwissenschaften

Programmieren

Camping

Zelten

Ritterfeste

Jagen

Anime

Manga

Motorrad fahren

Autos

Reisen

Dokus anschauen

Bier brauen

Modellbau

Theater

Lockpicking

Slackline

Bartending

Drachensteigen

WELCHER TYP BIST DU?

- [ ] **SPORTLER:IN**
- [ ] **KÜNSTLER:IN**
- [ ] **GENIESSER:IN**
- [ ] **HANDWERKER:IN**
- [ ] **HELFER:IN**
- [ ] **EINZELGÄNGER:IN**

Welche Hobbys beziehungsweise Leidenschaften verfolgst du derzeit am häufigsten?

Was würdest du gerne neu ausprobieren bzw. wieder aufleben lassen?

1.

2.

3.

#20

NUR NOCH KURZ DIE WELT RETTEN

DEIN BENEFIT:

Du entwickelst ein tiefes Glücksgefühl, da du dazu beitragen kannst, das Leben anderer und damit auch deins ein Stück besser zu machen.

Woran mangelt es dir in der Welt? Was gefällt dir überhaupt nicht und willst es deshalb ändern?

Wenn du etwas gefunden hast, was dir am Herzen liegt und womit du eine spürbare Verbesserung im Leben eines anderen Menschen bewirken kannst, kann dich das tief erfüllen. Finde in dieser Übung heraus, ob das gerade Teil deines Zukunftsplans werden soll.

!

DAS GUTE, WAS DU ANDEREN TUST,
TUST DU IMMER AUCH DIR SELBST.

Was würdest du in der Welt verändern, wenn du es könntest?

WELCHE PROBLEME BEUNRUHIGEN DICH AKTUELL?

IN DEINEM ZUHAUSE

IN DEINER UMGEBUNG

GLOBAL

Welche Idee ist dir gekommen, dein Zuhause und das Leben von anderen Menschen besser zu machen?

PROBLEM	**IDEE**

#21

BEDINGUNGS-LOSE LIEBE

DEIN BENEFIT:

Du empfindest eine tiefe Erfüllung, weil du das Leben von anderen Menschen besser machst.

Die Freude in den Augen eines anderen zu sehen, dem du etwas gibt, ohne eine Gegenleistung dafür zu erwarten, ist ein unbezahlbares Gefühl. Dieses Gefühl zu entdecken, ist das Ziel dieser Übung.

Du denkst an drei Menschen aus deinem näheren Umfeld und überlegst, vor welchen Herausforderungen sie stehen und/oder welche Wünsche sie haben. Und entwickelst dabei Ideen, wie du ihnen etwas Gutes tun könntest.

!

GIB, OHNE ETWAS DAFÜR ZU ERWARTEN.

Was war dein schönstes Geschenk, das du je erhalten hast?

A PERSON

Schreibe drei Personen aus deinem engerem Umfeld auf.

1.
2.
3.

B HERAUSFORDERUNG

Notiere die Herausforderungen dieser drei Personen.

Hilfsfrage: Was ist aktuell das größte Problem in ihrem Leben?

C WUNSCH

Notiere die Wünsche dieser drei Personen.

Hilfsfrage: Was will die Person unbedingt erreichen?

D IDEE

Notiere Ideen, wie du diese drei Personen unterstützen kannst.

Hilfsfrage: Was kannst du tun, um dieser Person das Leben leichter zu machen?

	PERSON (A)	HERAUS-FORDERUNG (B)	WUNSCH (C)	IDEE (D)
1				
2				
3				

#22

DER WEG IST DAS ZIEL

DEIN BENEFIT:

Du entwickelst Ziele, die dich auf deinem Lebensweg weiterbringen.

Fußballprofi werden, Glücklich sein im Job oder bis zum Ende des Jahres fünf Kilo abnehmen: Jeder definiert Ziele anders. So auch du.

In dieser Übung geht es genau darum, diese Ziele für dich zu definieren. Du darfst die Umsetzung planen und schauen, welche Hindernisse auftreten können. Ebenso, wie du diese besiegst.

Dann folgt die Umsetzung, die natürlich nicht vergessen werden darf.

!

DU SELBST WEISST AM BESTEN, WAS GUT FÜR DICH IST.

Welche schlechten Gewohnheiten möchtest du ablegen?

	WELCHES ZIEL STREBST DU AN?	WIE LAUTET DEIN PLAN?
1		
2		
3		

WELCHE HINDERNISSE KÖNNTEN AUFTRETEN?	WIE BESIEGST DU DIESE HINDERNISSE?

REFLEXION ZUKUNFT

Eine neue Richtung einschlagen. Mehr von dem tun, was du liebst. Etwas Neues ausprobieren. Oder etwas an der Art und Weise ändern, wie du etwas tust oder wie du gerade lebst. Was wirst du tun? Welche Erkenntnisse hast du aus diesen Zukunftsübungen für dein heutiges Leben gewonnen?

GEDANKEN-SEITEN

DEIN BENEFIT:

Du lernst dich noch besser kennen, entwickelst neue Perspektiven und festigst deine Meinung. Über dich, über das Leben, über die Welt.

Du machst zuerst auf deine Weise eine kleine Meditation, um deine Gedanken zum Verstummen zu bringen – und schreibst anschließend einfach drauflos. In dieser Übung zu einem vorgegebenen Thema, so lange, wie du willst.

Ob einzelne Worte, ganze Sätze oder eine Mind Map – ganz egal. Es gibt keine Regeln. Nur das, was aus dir herausfließt.

!

DIE GEDANKEN SIND FREI,
SO AUCH DU.

Was willst du wirklich?

Und nun schreibe drauflos:

GESUNDHEIT

GELD

LIEBE

FREUNDSCHAFT

LUXUS

FAMILIE

KARRIERE

SPASS

SOCIAL MEDIA

ABLENKUNGEN

FRIEDEN

FREIHEIT

GLÜCK

DEIN LEBEN

DU HAST ES GESCHAFFT!

Das war dein erstes Date mit dir selbst. Du hast dich selbst kennengelernt, Neues über dich erfahren und lässt möglicherweise Altes wieder aufleben.

Wenn du dir weitere Reflexionsfragen und Übungen wünscht, laden wir dich ein, uns auf Social Media (@nodramaclub) zu folgen.

Folge uns nicht um zu konsumieren, sondern um Inspiration zu sammeln, damit du dich noch besser kennenlernst.

WWW.NODRAMACLUB.DE

Und nun zur abschließenden und wichtigsten Frage
nach dem Date mit dir selbst …

WILLST DU MIT DIR GEHEN?

- [ ] JA
- [ ] NEIN
- [ ] VIELLEICHT